Óbitos

PEDRO MARQUÉS DE ARMAS
Óbitos

bokeh ✳

ISBN: 978-94-91515-15-6

Índice

¿Por qué iba a escribir de Albania?

N. C.

.

Para una lengua muerta

(2003-2006)

también tú
en el óbito (fíjate qué
palabra) de la Historia

por un velo a-
somado

(crónica)

A Francisco Morán

el chino que colgaron de un pie
en la caleta de San Lázaro
el que se metió de cabeza
en los filtros de Carlos III
el empalado de la loma
del burro el trucidado
del camino de hierro
el último peón

toda esa gente en aprieto
toda esa gente a la sombra
de qué

el que bebió la flor (pública) de los urinarios
el que degolló al Conde y lo dieron por loco
y después inventó un aparato para matarse
(Engranje-Sin-Fin)

el verdugo que entraba por el boquete
el que le cortó la cara al Padre Claret
en un raptus luego de misa
el embozado que le pasó
la chaveta el que empleó
el veneno que no deja
traza (Rosa francesa)

toda esa gente en aprieto
toda esa gente a la sombra
de qué

el amante de la Bompart
apresado en el Hotel Roma
a 30 yardas de la Iglesia de Cristo
el que gritó —ante la trigueñita de los doce años
y el padre enloquecido colgado de un gancho—
ansias de aniquilarme siento el que soportó
el giro del tórculo no a las legionelas
el que arrojó vitriolo al negrero Gómez
junto al altar el que prendió yesca
el que echó la mora al agua
atada al cepo —dicen—
desde la eternidad

toda esa gente en aprieto
toda esa gente a la sombra
de qué

La Ardenesa. Segundo ejercicio

Raparon en Charenton todas las cabezas, menos la suya. El pelo y las uñas y no ese cerebro descolorido, esas carótidas del diámetro de una pluma: sus últimas pertenencias.

Cuando asomó por la ventana del pabellón para gritar:

—Nivelamiento. Nivelamiento.

Ya estaba muerta. Pero su grito —ave greñuda— repicó en el Bósforo. Cómo no iba a quebrar la cinta si hasta el césped raparon hasta convertirlo en sendero, mientras Monsieur Esquirol hacía señas con banderitas y Saint-Just, tan sordo:

—No se junta justicia y santidad.

Luego el regreso en coche, a Lieja.

¿A dónde iba a ser?

es esta la *palude*
calculada a beneficio por ingenieros
de bigotes variablemente musso-
linianos

gente que vino de esotra parte
cavó aquí su tumba (recto de pájaros
flor vesical fértil en tirrénicas
playas)

vi puercos en el agua
en barcazas precarias
(no eran pecaríes)
que llegaban de Yucatán

orillados dispersos en ribazos
hasta poblar las ordenanzas
del tal Alonso de Cáceres

fue al comienzo del sueño
antes que tierras marcaran lindes
y aunque perseguidos por severa ley
modelaron una cultura
de pequeño formato

pero han vuelto al agua
en barcazas todavía más precarias
que parten a Guam

«por última vez psicología», dicen
que dijo bajando a trompicones la escalera
(del prostíbulo) el vómito a punto
hasta caer en brazos de la corista

Acerca de un documento

qué había –preguntaste– entre
la casa de máquinas y el almacén
¿solo brecha blanca? ¿solo la cochera
y el rastro de cerdos? ¿solo miasmas
–*poblaciones*? en cualquier caso
entre las dos cuchillas del ingenio
qué había –preguntaste– y creo
que te respondí: cualquier
cantidad

en el cine Universal (iba a decir
cinema) o junto al zócalo
de Segunda Enseñanza
pájaros vimos bajo
cielo raso

alguno voló fuera
sobre las marquesinas
alguno al morral
pitando casi dis-
léxico

horqueta dijimos
ahor-
cado
luego
otra cosa

abres los ojos
y no lo tienes delante

—el glacis

nombre o cosa yo
lo veía desde la ventana
alta y cuadrada

tú lo veías

yo me lo figuraba lejos

del león de piedra
y las 70

yardas

detrás de tu casa
hay un campo de horror

crece entre las demás casas
a través de la tuya

y hasta el confín

(el ojo negro de Neptuno)

en barberías insondables
pelándose los unos a los otros

en qué sección de hueso
están

en qué tramo de concepto
aún

dando tumbos

más lívido que un ángel
alguno vi en la Morgue
otro con

bocina

el vivo y el muerto
sonando

(claraboya)

y sin embargo
sigue gente trepando
por la escala (que daba)
al vacío (o que dicen) que-
daba

junto al gancho mayor

W.E (10 y 10)

Dicen que fue a retratar un crimen
cualquiera, como mucho el crimen
de aquel verano anterior a la caída
pero encontró (como Brecht)
el crimen en todas partes
y un plan de obra perfectamente irrealizable
aunque eso sí organizado y tan a la vista
como los carteles de cine
y anuncios de sifilografía

Lo vio en el aire que cubría la ciudad
y la empañaba de un extremo al otro
e incluso donde palmeras raquíticas
y tachos (de miel) se confundían
con tajadas de solidumbre

Calculó entonces cómo se insinuaba
en cada una de esas barberías girando
del rojo al blanco (y del blanco al rojo)
sin la menor evidencia y tan delicadamente
que costaría bajar la cabeza
y no ver

tiene amarres
y riendas
cortas

amárrala
corto
con un yambo de cinco
pies

y arrástrala

a la casa
oscura del no
barroco

(esto si
puedes)

poesía
tiene su
cosa

Eso que soñé grande

(2009-2011)

Para que aprendas el valor de cada época

Radioescucha en sus ratos libres, supo lo que era un capataz de cuello blanco; y nada pudo, minúsculo inquilino, ni tal vez le importó, cuando los jenízaros tomaron el negocio por asalto. Nada, salvo asentir como corresponde a un empleado apenas voluntarioso y adscrito sin remedio a la legión de los muertos.

Pero el día de la defenestración pudo ver desde aquel ángulo a doctores y soldados brindar a solas, entre fusiles y manojos de llaves, casi amigablemente como en una puesta en escena. Por supuesto, siguió pegando rótulos mientras lo que era Atracción Sarrá se convertía en «Empresa Consolidada».

Y para que lo viese con mis propios ojos me llevó al callejón tapiado, en lo que había sido una antigua cochera, donde dos o tres tortugas centenarias (iba a decir fundadoras) sobrevivían a un embalse.

«Para que aprendas el valor de cada época» —me dijo— «y el modo en que hay tratar con esta gente».

Nociones de paternidad

Ya está bien que no quieras opinar, ni permanecer en la cerca, ni mucho menos subir con la circunstancia. Pero que no veas ese aspecto sombrío que han cobrado las cosas, y a todo digas sí sin sombra de entusiasmo...

Te lo dijo el encargado antes de marcharse, y esos pobres decentes, ahora ancianos de mandíbulas giratorias. Por cierto, ninguno acampa ya en La Maravilla: uno tras otro fueron llamados y resulta que no hay sobrevivientes.

Primero retiraron los camiones de mudanzas, luego las máquinas de hacer música (aun cuando no habían dejado de sonar). Hasta que se vino pedazos el Hotel Roma.

Pero eso es el derrumbe y podría devenir Metáfora de Todo.

En realidad, hablo de otra cosa. Por ejemplo, del padre de Kafka, tendido sobre un mapa, intentando sofocar las naciones.

Pie variable

Si toda enfermedad tiene su genealogía la tuya se pierde. Puede que cuenten aquellos polvos Verde París, empleados en vegas de tabaco, y otros tósigos que se fueron acumulando durante generaciones. O el aire de las casas de huéspedes. O la nave de costura de la calle Industria.

La última ofrenda a tu salud fue aquel viaje a los baños de San Diego.

Había que bajar rampas, lo que era ya una suerte de anticipo...

Sólo más tarde nos volvimos al pueblo en busca del hotel: el Cabarrour, creo que sin encontrarlo.

DTI

Había que verla salir de su cuarto de Empedrados, con ese porte, rendida a otra elegancia. Una sombra habitual, apenas saltona, acercándose a los soldados que franqueaban la puerta.

Hasta que comenzó con aquello de las voces que hablaban en su cabeza, y que debía traducir a solas, en la habitación contigua. Como si tras aquel vago epitelio de realidad se registrase el lamento de quienes fueron machacados a la ligera (entre el parloteo de los oficiales de turno y el clamor de filtraciones más finas).

Testigo a su modo, no dejó relato alguno, salvo su propio recorrido por los bajos. A rastras en algún sitio de mala muerte, extiende un billete que no cruje, y se despoja.

Septiembre, 1975

¿Estabas o no de fuga del hospital? ¿Y qué hicieron contigo en las Ánimas, a tu regreso? Cambió de aspecto el cine y la vasca del Parque Zayas devino el proscenio de un barco excéntrico. Desde entonces, la densidad del aire alcanza cuotas insoportables. Pero ese día eché mano del calendario que me regalaste, para no ver tu cara. Eloy, Errol Flynn, Turtós. Ya nadie se llama así. Cuarenta años y sólo hoy entiendo (¡) qué querías decir cuando decías pañuelito embebido en alcohol. Una derrota aplastante, la nuestra. Todavía es y no se sacian. Agua y ceniza. Fue lo que puse sobre tu vieja radio.

Versalles

En esos años aún no tenías un chino atrás. Eso no te incumbe, por supuesto. Que mientras él llame con urgencia a la Quinta Estación, tú poses... campante en medio del malentendido. ¿No te parece?

Vestido al punto para la ocasión: un recital de Toña La Negra en la CMQ.

Pero ahora, qué más da. Si sigues ahí donde se cruzan el provinciano y el inquilino, el alumno de Baldor y el martillo calvinista.

O tal vez de vuelta de Versalles (Matanzas, se entiende), tras un pacto con tu madre en el que ninguno de los dos dice esta boca es mía.

A poco de la mudanza

(febrero de 1969)

Una caja fuera de lugar
un hueso apenas dislocado
parientes que irrumpen en la noche
desde la zona acordonada

El resto (más bien lo imaginamos)
unos cuantos columnistas atrapados
y alguien que grita «Se está quemando *El Mundo*»

Desde entonces, me las arreglo con el lenguaje.

Síndrome de Marfan:
dejamos un claro oscuro en vez de imágenes de colegio
(cosa de vivos aproximándose a la catástrofe)
cuando lo que queríamos era escapar por la tangente
señora, no hacia el ojo del trípode,
más bien al brazo largo de la ley
Y aunque nos llevaran a los estudios Armand
uno se transforma
Survey óseo: nuestros versos
son nuestra única radiografía.

(Milanés[1])

El secretario de los ferrocarriles se ha quedado lelo. No estampó un solo cuño este verano... y no atina siquiera en la caja de caudales.

Ya nadie entiende su esmerada caligrafía.

A cada cambio de agujas se sobresalta, y luego, ni ve los trenes.

Algunos se proponen sacarlo de ese estado, pero a una carga así no hay quién la mueva.

El secretario de los ferrocarriles se ha convertido en cetáceo (y nada)

a flor de agua...

---

[1] Quise, desde no sé qué instancia de muer.., que Milanés ocupase el mismo sorpresivo paréntesis que en su poema «De codos en el puente» ocupa un «monstruoso cetáceo que nada a flor de agua».

(Gundlach)

Lo vieron por el valle del Zaza con un jolongo a cuestas. Tenía la nariz ganchuda (casi un garabato), y bailaba desgarbadamente sobre los secaderos; y aunque vistiera de dril y sólo comiese semillas, era hombre de la Corte de Federico II.

Al pájaro más pequeño puso de nombre Elena, la mujer del amigo. Y claro que maceró alguna flor de olvido. Tuvieron que llamar al juez pedáneo, pero todo quedó en familia.

Lezama no entendió Viñales. Desde cierta perspectiva de mulo erraba el tiro. El alemán, en cambio, «todo método». Dos coordenadas, corregibles. No hay más que ver ese retrato, la enorme nuez de Adán por encima de la pajarita.

(Variación)

lo vieron por la loma de Candelaria
y por el valle del Zaza con un jolongo
a cuestas (de que asomaba el ramaje
superior del pico, hipertrofiado)

y por playales y cayerías caliginosas
y en lagunas y aguazales cenagosos
que nunca tuvieron nombres
y donde no habían setos ni zorzales

ni nada para marcar la tierra
como no fueran «pasos cada vez más cortos»
según apuntó en su cuaderno de notas
antes de extinguirse tan rara especie

Ananké

Entre las malanguitas se ve algo que parece un niño, o un pollo. Hay demasiada luz para saberlo. Está solo en su suplicatorio, enredado a la raíz de esa planta que arroja sombra hacia atrás.

De que suplica, estoy seguro. Tanto como del lugar y de la firma al dorso: General Lacret, Santo Suárez, 1959.

A veces la vida parece eso: el tramo que va de un niño a un pollo, el devenir de uno en otro y así sucesivamente hasta conformar, con las malanguitas, lo que los griegos llaman un destino. Aquí borroso.

Bajo anestesia

Qué puede un chino en Sibanicú
sino apoderarse de un apellido
vasco tal vez

Y rodar una existencia sin ramas
(desde luego
no híbrida)

Qué podría semejante salto
transgénico en su
trashumamiento

Ningún ratón adiestrado
en echar bibliotecas abajo
apresaría (jamás)
aquel santiamén

Demasiado onírico
para no ser real

Podría llamarse Mardaraz
resistir elevadas temperaturas
y otros empalmes
(históricos)

Cometer el crimen de la hora
llevar el cine (mudo) al pueblo

y hasta cambiar las lindes de lugar

Siempre de paso
el muy malandrín
seguramente tuvo su calvario

Sitiocampo

Aunque te empujara con mano maestra (aunque te empujara por los derriscaderos), esos huequitos no te los abrió la historia. Se dice fácil; pero a veces es necesario abrir la calota y, a ras de la duramadre, tirar hasta el fondo. Como si se tratara de sostenerse al filo de lo que no es lenguaje: el velo del amnios, el muladar con las momias y lo que llaman «parte trasera» en una escuela rural.

Sólo allí comienza lo narrado: nacimiento y muerte en setos de Campeche, no en camas de hospitales suizos.

Oh tú ajeno hasta el extrañamiento.

Como Woyzeck, antes de salir a escena.

Plisado

Esos pespuntes de ficción, María, casi indecibles (¿te lo has preguntado?), no son en modo alguno diferentes.

Una frontera y otra tampoco lo serían, ni alta o baja costura, rima mayor o menor. Apenas un recorrido en zigzag… ¿Qué eso de plisar el cuello de un caballo?

La solución, María, déjala para el final. Pero ahora, para acabar el túnico, aparta de una vez la aguja.

Coll Taberné

Lo desahuciaron el viernes con morfina
y cuatro bombonas de oxígeno, lo justo.
No dije una sola palabra –la enfermera,
esa urraca, las decía por mí– pero
me le paré delante para hacerle un poco de sombra
y ciertamente había demasiada niebla en sus ojos.

En una situación como ésta ¿quién despide a quién?
Y sobre todo ¿qué significan ciertos pronombres?
De hecho *él* ya no los usaba; al menos
este último año caminó sobre esquirlas.
A esta hora debe de haber muerto,
sin la promesa de una nueva gramática

Conato

Estas no son palabras de la tribu. La vida que aquí llevamos es otra cosa. Más bien una diligencia, como cuando hablamos hasta tarde.

Se entra al sueño como a un mina y, ya sabes, abajo todo resuena. No es necesario un oído (al menos no uno *fino*), basta una sintaxis ronca.

La vida que aquí llevamos es un conato. Como cuando hablamos hasta tarde, con los muertos.

(Exercicio)

Si al menos me hablaras
de Altamizal
entendería

No lo tomes por
respuesta

Estos campos
son
ajenos

Ningún
fragor
aletea

Al fin y al cabo
no vimos más que
túmulos

Que un pueblo
despierte al sopor
después de otro

no significa

No se mide en varas
el dolor

Tu dictamen
no es concluyente

.

Pampilhosa

Para nosotros, la poesía fue ejercicio.
Para ustedes, tal vez un don.
Nosotros, la hicimos con las piernas
cuando podíamos haber ido en coche.
Pueblos, pasos a nivel —escapados del progreso
para nuestro ejercicio, a gachas.
O si prefieres, de soslayo.
Como aquel Pampilhosa con su disco de carbón,
sus torres insufribles
y su falta de señales.

Crónica de Chicago

«Una conmoción semejante a la que produce, en una calle pacífica, la aparición de un perro atacado de hidrofobia». Eso has dicho. Y que la turba habría de volver por donde vino, hacia los barcos encallados. Pues también tú llamaste al orden y dijiste la forma que tendría la República sin tales especímenes (lobos eslavos, ratas nórdicas, en fin, «toda esa espuma de Europa»), metódicos sin embargo en el arte de construir bombas pequeñas y graciosas como peras y en el hábito de romperle los nudillos a la industria. Pero entonces, en caso que el sueño se cumpliese: ¿qué hacer ante un perro atacado de hidrofobia? ¿Disparar? ¿Borrarlo de un plumazo?

Catálogo

A Dolores Labarcena

Una cajita de cedro con varias vitolas
Una baqueta de cama, encarnada
Una dicha común, blanca sin flor
Otra baqueta llamada de Hungría
Una piel de carnero, con su lana
Una silla de montar, sin fuste
Un sillón de Señora para montar
Una bota de suela doble con pierna de marroquí colorado
Una bota pespunteada, invención del autor
Un alfiler de cuarenta y tres brillantes
montados al aire y engastados en oro
Un par de candados de aretes
con cincuenta y dos diamantes de Holanda
Una pieza manguillo y dos flores de frontil
Una leontina de oro figurando
una cadena de buque con su ancla.

Dos braceritos, ídem
Una bombona para tachos de ingenio
Una flauta armónica cantante, de ébano
Una máquina que goza el privilegio de picar tabaco
(con su explicación)
Siete ejemplares al Daguerreotipo
Un quitrín fabricado en esta Ciudad
Un molinillo de ácana y marfil

Un espejo cuya luna está azogada por el autor
Una casaca negra, con su facistol
Un pantalón de casimir blanco
Un chaleco de paño negro, delineado
Dos cabezas de cartón con sus pelucas
Una peluca en su envase de pino

Unas cuantas figuras bailando la polka,
y un león
ídem

Educación de rigor

Circus Polka

Cuando en el ya lejano noventa, en Sofía, te viste al borde de un estanque, apartado de la fiesta, y la gente sacaba sus cacharros y tiraban montones de Dimitrov; no estabas preparado para el salto. Como tampoco luego, a causa de cierta tara de la que nadie cura.

Y, sin embargo, ahora que lo piensas, algo aprendió este ojo incapaz de adherirse a la sustancia de los vestigios y a la abultada realidad. Pues qué hace uno al borde, nada menos que a esa hora, sin más espía que una luz de fondo, última y vacilante.

(Salvo el perro)

Y bien que nos fijamos en el cuadro: *Lenin en Smolny*, de Isaak Brodsky (1930). Un perro tendido a sus pies, cuyos ojos parecen malograr la brevedad de la pausa, revelando el interior en definitiva ferozmente doméstico de los «asuntos de Estado». Como si el rodillo de la industria fuera para el pensamiento, en esa hora de reposo, no una ilusión sino una aplanadora; y el cerebro —epítome de un músculo— hubiese sido exprimido hasta la extenuación. En cierto momento imaginé un paisaje de fondo, despoblado; pero ahora puedo corregirlo. Nada se oculta en esa superficie (salvo el perro). La única verdad que se sostiene es la cabeza, cayendo por su peso, como si en efecto se fuera quedando dormido.

II

Varias veces pintó Deineka el paisaje más feo. Hay para escoger… Esas vacas que marchan sin nervio, incluso felices en su resignación, y que hablan más del ojo del demiurgo, capaz de anteponer un búcaro con flores, una oscuridad anodina al cielo matutino contra el que se recortan. Cuesta creerlo.

A este orden pertenece también *El portero* (1934), ejemplo de que no todo está perdido. Si bien el vuelo hacia el balón no logra ser liviano (¿y qué vuelo lo es en Deineka?) al menos promete un cumplimiento. Siempre estará al alcance de la mano, como una meta, ese balón. Y entretanto, habrá que vencer otros gravámenes.

Ese monte convertido en mogote.

Así debió ser el paisaje al día siguiente de la creación…

Se trata, en este caso, de un «retoque decisivo».

Al fin y al cabo, el sol se pone en la cuenca del Don.

III

Como el suyo se fue discretamente por encima del sueño
del Soviet, no llegó con su torre a ningún lado. Copitos
de algodón cayeron sobre las consignas y terminó Tatlin
entre gallinas y pavos elaborando una máquina de vuelo
(para uso personal) ¡Qué ocurrencia! Cebar de ese modo
el orgullo y despertar con plumas en la cabeza.

Educación de rigor

No pueden sustraerse a una educación de rigor. Se vuelven al acto de entrega; lo más parecido a un torno donde recogen, después de todo, el certificado en calidad de giróvagos.

Hemos visto a unos cuantos, nostálgicos del Este, perdidos ante los últimos acontecimientos. Sin embargo, se crispan, si se les señala.

En cuanto a sus madres, congeladas en antiguas coquetas, hicieron lo que debían. Sin saberlo, les dotaban de unos buenos gemelos, y esto asegura actitudes cercanas a la espeleología.

Curiosamente, no están para expediciones.

Circulan en lo estacionario.

Es lo que llamo «fatiga escolar».

Mirando una fotografía

Componen tal extrañeza y afectan de tal modo la lengua,
que podrían ser polacas; el niño, polaco sin remedio, y la
amiga, con su pinza de fieltro, cómo no va a serlo.

Todas nuestras madres lo son...

(Solo ella se desentiende y cobra *realidad*).

Si me apuras lo es hasta es el lago, los zapatos ahorcados
al tobillo, y las palmeras.

Virus del Nilo

(2012-2014)

Pausa

No guardes en casa
huesos de difuntos

Ni arrimes más
la brasa…

No está el horno
para panecillos

Ni el maletín
para escalpelo

Ninguna de esas frases
(truculentas)
viene al caso

También el cirujano duerme
y el corazón reposa
hecho piedra

Komi

no sé si aprecias
(como yo) las virtudes
del pueblo Komi

nunca estuve en Komi
no hay que haber estado
en Komi
para apreciarlo

no es broma
ese pueblo
sin Estado

ni son conjuros
esos chamanes
demasiado
abstractos

ahora que te fuiste a Komi
temo que no vuelvas

tú (tan en blanco)
como yo

Este verano

Te llevaré a Islas Feroe
a ver la Calta Palustre
y el estornino
y el chochín
y aquel cuervo rastreable
(si no tienes prisa)
en los brezales

Quiero que olvides
aunque sea un instante
el trabajo de asilo
este verano (no
el próximo)

Islas así
no duran

Renania

en tiempos no aptos para la lírica
toca bailar con la fea
enana enfermiza
feliz
en su Renania ideal
(de consumo)

aunque puedes también
(si te consuela) no admitir
tales desatinos

en prosa (incluso
en variantes
sobrias)

no caben

tanto más
si está
vacío

el granero

en este espacio de captura
donde lo sólido se desvanece
y lo líquido se torna amianto
te prefiero aliada…

nadie podría calcularte
así (al menos esta vez)
no iría contra tales barrotes

si algo imagino es una playa
(preferiblemente tirrénica)
en la que aún no se doblega
tu encanto…

calma —me digo—
donde asoma burlón
el rabo de la zorra

¿Te gustan el Kakapú y el Tapir?
Te los regalo. Que sueñes con ellos
cuando ya no me tengas y ese pájaro
tonto y ese otro que parece caballo
pero es rinoceronte, se hallan perdido
en la selva, o en la larga sabana.

O mejor, en la charca sin fin.
Ya sé que existen singulares especies
de Occitania que no están a mi alcance.
Ni al tuyo. Por ejemplo, la esbelta garduña
y el turón de estepa cuya piel
cubriría tu cuello de alta gama.

Mientras tanto, cariño, te convido
con Freud a estudiar las anguilas
cuyo sexo torturó su cabeza.
O a que invoques Siberia, donde,
si bien helados, prosperan…

una puñalada por irse sin pagar
y en efecto se fue
(de este mundo)

el cadáver de jack spicer
habla solo
en la radio
esta noche

habla por la radio
o sea —me está cobrando
algo

No trabajo con símbolos
el cielo está despejado

Qué tienen en común «señales
sin objetos» y lóbulos
en el banco
de tejidos

Conozco un pensamiento así
con la debida etiqueta

El aura que merodeaba por estos lares
a pedrada limpia
la eché

Lavapiés

si buscas
a la salida del metro
rostros

ramas negras
apretujadas
encuentras

pétalos
pero según esta ecuación
nos alejamos

el pie doliente
dice
más

el pie
por ejemplo
de Grunewald

impresentable
cogido en el andén
en curva

en estos lares
Madrid
Barcelona

si uno busca
a la salida
rostros

sin duda
encuentra

como en esta pensión
barata
(Zorilla)

regentada creo
por una actriz
de Murnau

por su filón
puede uno ver
abajo

en boca de metro
flujo vario
(pinto)

un click
otro click
otro

lo que nos llevamos
ahora que salen
del refugio

también la primavera
despunta

Todo un exilio no basta para dar con la imagen prometida. Solo que algunos tienen suerte… Cielo más oscuro, incluso tóxico, no abunda en todas partes; ni semejante pecera donde boquear.

Claro que faltan detalles, sobre todo para los más exigentes. Pero en este ensayo general del mal gusto puede que nada tenga sentido.

Un ajuste de cuentas, a estas alturas, lo dudo.

A una imagen otra: es lo que Lichtenstein ofrece… Si uno se refleja en plástico laminado (¿uno?) tanto da.

Así lo quiso el Señor, o la Máquina Célibe.

En cubierta

Al observar a los inspectores del tramo Hannover-Bremen, sobre no-lugares donde convergen Wagner y Starbucks Coffee, uno se pregunta si no son los sobrevivientes de una juguetería. Con sus gorritas, bigotes y talantes deliciosamente anticuados (incluso faltos de colorete), piensan todavía que conducen algo. El más flaco se pasea por la escollera (al viento, casi un estandarte) mientras los nombres de ciudades se borran de la pantalla y todo se hace inaudible, salvo las botas.

(Sander)

«Se quitaron la corbata y bailaron, probablemente con el sombrero puesto, hasta al amanecer». Eso hicieron, tal vez... Pero ahora están de vuelta. Y no van ni vienen, ni siquiera caminan por el montículo ¿Puede llamarse a eso caminar? Se diría que el mundo los echó fuera, los muy peleles.

Si te fijas, no llegan al borde, o sólo con dificultad. Semejantes a esos paneles de las grandes superficies, se limitan a señalar. Nada de efusiones. Ningún trasunto. Y, por supuesto, no subrepticios lapidarios. Eso sí, circulan libremente y consolidan un soberano silencio.

Gripe aviar

En los cantones no
ni en las fronteras
al paso de la gripe aviar
o el menos veloz (dicen)
virus del Nilo

Pero en cuanto a cerilla
le debo una corrección

En el orbe todo nadie dice fósforo
salvo en escuelas de química
fábricas y polvorines

No aprueba esa palabra
un mínimo examen trasatlántico
y ya nadie recuerda la maldita (fórmula)
con que se suicidaban (antaño)
las mujeres pobres

Así que no se asombre
si ciertas historias terminan así

Aquí y allá un mismo inmolamiento
¿No lo reconoce?

Uno cambia de piel
bajo fuego cruzado

Pero ante cosas menores
no tenga remilgos
en poesía al menos
no

¿Cuánta gripe aviar se necesita
sabe usted
para aterrar el mundo?

El perro de Goya

Qué nivel (un amigo diría
qué estalaje). No consiente
noción liberal. Bañado en su excremento
(el muy inaudible) destroza hasta los nervios.
Aun así, tremenda dignidad. Lo suyo
no son campanitas.

Das Kapital

Sanguineti, pescado chico,
el 18 del Gruppo 63 (según la foto)
el que escribía como conversaba
poniéndolo todo entre paréntesis
(familia, historia, el puntilloso
mundillo intelectual,
el nervio mismo de la poesía
—nada, si se mira, en comparación
con la punta del cigarrillo)
mordió el anzuelo y murió *alla fine*
boqueando —me cuentan— el pasado 18
en Ospedale di Villa Scassi di Sampierdaren
«¿no ven qué es un aneurisma?» —sin cabal
asistencia (inexistido) este sí
grande de la Utopía
pescado al sol

Relación de objetos

un sacarímetro de Mitcherlisch
una máquina de vapor de alta presión
una ídem de ídem de baja
un frasco de muchas aberturas
para presiones laterales
un manómetro de aire libre
otro de aire comprimido
un aparato de Haldat
un Ludion

un densímetro de Gay Lussac
para líquidos más pesados que el agua
uno ídem para más ligeros
un frasco de Mariotte
de derrame constante
una fuente de Heron
una bomba aspirante
una impelente

un endosómetro de Dutrochet:
un termómetro de Breguet
un pirómetro de Wesdgood
uno ídem de arco de círculo

dos grandes espejos parabólicos
para reflexión de la luz
una cuba de cuatro

caras diferentes
un sifón de Porta
uno de Dulong
otro de Ingenhouz
otro de Melloni

una botella de Leiden
un martillo de agua
un molinete doble
una lluvia de Mercurio
tres espejos de vidrio estañados
(planos cóncavos y convexos)
un canalillo para caída libre de los cuerpos
dos hemisferios de Maldelburgo
un anotóscopo de Plateau
(de dilatación absoluta)
ilustres restos
cornetas
mil funciones

Fragmentos de Walker

(2007)

I.

esa gente que
como buscando apoyo
w. (evans) captó
no existe

es pie forzado
paso de la realidad
al ojo del trípode
a la peana de barbería

2.

con cara de lechón nada
gallardo el policía sonríe
a la cámara

el escudo de la patria pende
en el gorro y en cada botón
del pescuezo

3.

uno de los dos policías negros
se sopla la nariz con un pañuelo
muy blanco

junto al busto del apóstol
remedo de pensamiento

4.

discurre este asunto en el senado de la nación

en la multitud
una dama
se acomoda la pamela

5.

(cajas vacías)

el lente de walker las vuelca
de tal modo que se deja leer
al revés

contra la cristalería
«hecho en Cuba»

6.

(funerario)

viste a la virgen negra
con el niño blanco
en brazos

y de seguida la puerta
que no se abría (sorda
al aldabonazo)

7.

(Hotel Pasaje)

están repletos los balcones
no cabe uno más
la gente cuelga
se diría relajada
mente
en el aire

8.

(la fortuna)

cuando la puerta se enrolle en lo alto
entrarán por fin huérfanos
y abonados

9.

sobre zócalo de cemento (vestido de overol
el puño en alto) un negrito de yeso contempla
la faena de las lavanderas

10.

bajo la pileta de agua
el mismo negrito (ahora sin brazos)
los ojos cada vez más saltones

11.

más tiznados que negros
sobre palas donde plantan
sus fatigas

también carboneros posan
desde la eternidad

12.

el aire tiene aquí una consistencia como de lágrima

13.

más bajo que los caños moriscos
en sucios lagrimales de la historia
la-criminal-mente el ojo SALT-
Ó

14.

el niquelado de la barbería es la conciencia del lugar
o mejor una relación de los hechos
así el espejo
(donde asoma discreta la cabeza) la peana
y los lentes serían los accesorios del crimen

15.

a veces el tranvía entra
al cine

a veces el cine rueda

sobre la realidad

sin perspectivas

16.

(n.y.)

juncos de una luz lavada
rozan apenas la carrocería
en serie

ante el negror de fondo
la modernidad hace mella

17.

en cepos

mendigos
duermen

18.

Largando pedazos extiende la mano. San Lázaro con el perro...

19.

(«por lengüilargo»)

dentro de la caja
el muerto
tan cierto

y sin embargo
resuella aún

20.

aquellas 88 cuerdas originales
usadas por suicidas para colgarse de vigas y cobertizos
celosamente custodiadas por los doctores
Cueto & Barreras ¿dónde fueron a dar?
¿también el ciclón las alzó por el aire
con gavillas y huesos?

21.

(cabo de guardia)

raspa con su sombra
la pared del cuartel
el mango del rifle
brillando con la luna

22.

bajo celaje de cartón
sentados en un rellano
dos tipos raros: -(hablan
lengua)

23.

entre Santi Claus
y «brujo» orticiano
en pardo jamelgo
pasea el veterano

24.

(carnicería)

dos vaquitas (pintadas)
en «La defensa»
(fantasmal)
de la ciudad

25.

Igual ocurre en la taberna de campo: donde un trapiche (también pintado) suplanta al paisaje, enriquecido con unas palmeras (iba a decir pestañas) acordes al lugar.

26.

Al paso del tren, casas de yagua. Enracimadas. Hasta el cielo…

27.

En pose marcial, el vendedor ambulante. Sostiene una vara (fíjense bien) con un timbre: artilugio que como otros tantos adminículos alrededor suyo, parece ligado a cierto engranaje punta-talón.

Todo para resaltar esa expresión como ladina (pero justo por ello eficaz, según observa D.) de quien tropieza antes de salir de escena.

28.

(créditos)

ese negro en dril cien que mira desde los soportales
recostado en la ruina de su propia rutina
es el último personaje

cuando todos se hayan ido con su olor a tinta a otra parte
sacará el brazo de la manga

Postdata cubensis

I.

se oyeron pájaros el 27
no se vio nada pero se oyeron
ilocalizables en la directriz
toda la noche hasta la mañana
cuando afirmaron

no letras pero sí
perros

al principio fue un ruido
que no da para ramos
(de fuego)
cayendo
sobre el mar

sobrevive en el caracol del oído
(quiero decir en historia)
no en poesía

y en un cuaderno escolar
en secuencias que van
de la trinidad
al catalejo

donde el oro pone su huevo
y el fuego (ahora sí)
junto a espejitos

hace lo suyo

«por no compartir
vuestro constelado
cielo de imágenes»

2.

no hay lector supremo
marcas de aprendizaje
sí

y eso lo sabe hasta la señorita
cuando bojea

en cambio tú
que me acusas de indebidos menesteres
y preguntas qué metafísica veo
en tales
corrales

no conoces
ni el veneno del cyam

3.

pensar que tenían encima
hombres/caballos
y detrás
caudas

pero no *eticidad*
alguna

como no fuesen sus desnudas
barriguitas dispuestas al ojo
del franciscano

fascinado por tanta matazón
y aquella manera que
como convite

extendía la plaga de impresentables

4.

travestidos de armaduras
montaraces

sin lugar en la
lengua

incapaces de entender
al pueblo lacustre

culpáronlo de su saña

y aunque solos al fin
no doblaron el lomo
ni por una última pepita
aruñada al fondo

el flus los apartó malsanos
en lo que se poblaban
las no muy abundantes
extensiones

5.

no existe
desde luego
esa herencia

los huesos hace mucho
fueron marcados
con carbono 14

y la cueva no es de lamentos
sino de pinturitas (por cierto
aunque plasmadas
no plasmáticas)

ídolos bien pocos

así que ni una vocecilla sale al paso
ni se orienta uno en esta Coabai
con su noche de masmuertos
y casivivos que
para el caso
es lo mismo

6.

en el saquito que tenían de campo
en el estudio
me lo sacan
ahora

en indio convertido
fantasma de almidón
aperos de labranza
y mejor

de perfil

la identidad no está
en los dientes
mire como se
mire

bajo el saquito

7.

desde entonces existe la erección
el estrado
la tarima
y hasta el altillo (del asilo)
en loor de esta fotografía

no están todos por supuesto
pero la madera
es común

8.

el único ganado que se reproducía
en aquellas condiciones
con prestanza

dictada no por los suelos
muy lejos todavía de la fiebre
pero no del sueño ni del ojo
giróvago

era el jabalí

riente (él también soñador
producto de lo soñado)
henchido en su abundancia
una tal que colmaba el confín
y hacía innecesarias fronteras
y hasta planes de producción

asegurada la pitanza
en delicados pastos
todo sueño termina

9.

me dicen que no eran jabalíes
pero poblaron la ciudad
en un pispas

y hasta hubo abundantes salazones
para la soldadesca que por beber
bebió hasta el vino de la sacristía
en el cayo aquel donde cogieron
amujerados y otras especies
menos definidas

aunque no fue esa noche sino otra
en que el prelado tuvo su goce
el mismo que los confesó
en un auto improvisado
bajo las estrellas

que no eran tales pero brillaban
igual que los jabalíes no lo eran
ni a esa hora el prelado
que agarró la vela
sin quemarse

10.

si algo poblaron (ahora sí puercos
en proliferación constante)
fueron esas Ordenanzas

y contra eso no hay ley que valga
ni las de abasto ni mucho menos
el conteo a cabeza

en cuanto a legitimidad del sabanero
Vasco de Porcallo
poca cosa añade

los puercos se hicieron con las letras
lo mismo que él con los compañones
restantes

mechándolos de resina
antes de comérselos (los propios
a reserva de ellos)

olía mal ese paté
desde luego

y es probable que la digestión
(histórica) no vaya bien
desde entonces

II.

lo del doctor de Ramón las Yaguas
(único hacia 1926) no eran las leyes
aunque las estudiara
sino las yeguas

más mansas (si se quiere)
en tales pastizales

pues esas ni imparan
ni discordian
ni padecen

en campo de yeguas
nueva genética:

homicultura
revolución
participe del experimento

al final
una cruza demoledora

www.ingramcontent.com/pod-product-compliance
Lightning Source LLC
Chambersburg PA
CBHW022011080426
42733CB00007B/560